AF259811

LETTRE

A

M. LÉON LAVEDAN

PRÉFET DE LA VIENNE

PAR

GUSTAVE GRAUX

—

2e ÉDITION.

PRIX : 30 centimes.

POITIERS

IMPRIMERIE DE N. BERNARD

RUE DE LA MAIRIE, 5.

—

1871

LETTRE

A M. LÉON LAVEDAN

PRÉFET DE LA VIENNE.

PAR GUSTAVE GRAUX

MONSIEUR,

Le 27 avril dernier, M. Thiers, chef du pouvoir exécutif de la RÉPUBLIQUE FRANÇAISE, du haut de la tribune de l'Assemblée de Versailles, prenait le pays, le monde et l'histoire à témoins que : *jamais, chez aucun peuple, la République ne s'était présentée sous une forme plus réelle, plus évidente.* « Ce n'est pas, disait-il, une » République élémentaire, en dehors des conditions que » doit avoir le gouvernement républicain : c'est la vraie » et pure République au-delà même des limites que » les républicains les plus difficiles avaient pu rêver. » Et il ajoutait encore que la LIBERTÉ était sa seule pen-

» sée : « La liberté ! c'est elle que nous défendons, elle
» seule ! »

⁎⁎

Je ne veux pas, Monsieur, suspecter la bonne foi de
celui que vous avez appelé un grand homme d'Etat;
en prononçant les paroles que je viens de citer, il était
convaincu qu'elles se trouvaient d'accord avec la vérité
la plus absolue, et que la France entière, rendue par lui
au calme, à la prospérité, à l'exercice de tous les droits
qui font les peuples forts, lui répondrait par l'expression
chaleureuse d'une reconnaissance unanime. Il parlait,
sûr de son droit, dans la tranquillité de cette conscience
qu'il aime tant à consulter, et qui, pareille à son ami
le gendarme Pandore, lui répond toujours : Vous avez
raison ; j'aime à le croire du moins, car il serait trop
odieux de supposer qu'un homme, fût-il plus *grand*
que Machiavel, dans les circonstances terribles où nous
sommes, pût mentir sciemment avec tant d'audace.

Pourquoi faut-il cependant, Monsieur, que, grâce à
vous, grâce à votre zèle maladroit, je sois autorisé à
donner au chef du pouvoir exécutif, en ce qui me concerne, le démenti le plus formel ?

⁎⁎

Le 27 avril, M. Thiers, se posant en gardien fidèle
de la vraie liberté, exaltait la supériorité de son gouvernement sur tous ceux qui l'ont précédé ; — et, vous
qui êtes son mandataire dans le département de la
Vienne, le lendemain 28, sans motif, sans excuse, uniquement parce que vous écoutez, avec une légèreté
impardonnable chez un fonctionnaire d'un grade aussi

élevé, les sornettes des peureux ou des sots, vous portiez la plus grave atteinte à la liberté d'un citoyen.

Le fait auquel je fais allusion ici est trop récent pour qu'il soit sorti de votre mémoire ; je pourrais donc me dispenser de plus amples explications si je m'adressais à vous seul, mais, quelque pénible qu'il me soit de mettre en scène ma mince personnalité, je me vois obligé de sacrifier ma modestie aux principes que vous avez violés ; il est de mon devoir d'édifier, sur la façon dont vous entendez le respect de la liberté individuelle, le gouvernement qui se flatte d'avoir réalisé *la plus pure des Républiques.*

Donc, daignez m'excuser, Monsieur, d'appeler encore une fois votre attention sur la situation pénible dans laquelle vous avez mis un bon républicain, sous la République idéale de M. Thiers ; j'aurai l'honneur de revenir plus particulièrement à ce qui vous concerne dans un instant.

*
* *

Voilà deux ans bientôt que j'habite Poitiers, tout le monde m'y connait. Rédacteur en chef du *National de la Vienne*, j'y ai combattu le bon combat, souvent à mes risques et périls, et j'ai l'orgueil de dire que, dans la lutte difficile que j'avais entreprise, les forces ont pu me manquer quelquefois, mais jamais le courage. Appelé à des fonctions publiques par le gouvernement du 4 Septembre, je n'ai eu qu'une seule chose en vue : le salut de la France envahie, et si quelqu'un peut m'accuser d'avoir manqué, en quoi que ce fût, d'esprit de justice ou d'urbanité, qu'il le dise : il m'étonnera bien. Engagé volontaire dans la mobile, quand il m'était si

facile de rester tranquillement chez moi comme tant
d'autres, j'ai fait mon devoir, rien de plus, mais aussi
rien de moins.

*
* *

J'avais donc, je le croyais naïvement, le droit de
penser que si je comptais à Poitiers de nombreux adver-
saires politiques, ardents, passionnés, irréconciliables
même, comme le sont nos causes, je n'y comptais pas
du moins d'ennemis assez lâches pour tenter de faire
brèche à mon honneur par la dénonciation et par
la calomnie. J'oubliais que Basile est de tous les temps
et que la race des cuistres n'est pas près de s'éteindre.

A peine fûtes-vous arrivé parmi nous, Monsieur, que
je dûs revenir de mon erreur. Le gouvernement à
jamais glorieux qui avait accepté la tache ardue dont il
s'est si bien acquitté, de conclure avec l'ennemi du dehors
une paix honorable et de ramener au dedans la concorde
et la prospérité, vous arrachant à vos pieux travaux,
vous donnait à administrer ce département où votre
ardeur cléricale, s'était-il dit, trouverait à qui parler.

*
* *

Vous remplaciez, souffrez que je vous l'apprenne en
passant, un homme d'un rare mérite, animé du patrio-
tisme le plus pur et le plus désintéressé, de qui l'intelli-
gence et la bonté laisseront dans la mémoire de tous
ceux qui l'ont connu un souvenir ineffaçable. Écrivain
d'un talent peut-être très-réel, mais néanmoins très-
ignoré si non dans les sacristies, vous étiez appelé à suc-
céder à M. Léonce Ribert, le travailleur infatigable et
le plus vertueux citoyen que nous ayons connu ; un autre

eût peut-être hésité en consultant ses forces ; mais vous,
— à deux fois vos pareils ne se font pas connaître, — à
peine arrivé, sans prendre le temps de retirer vos bottes,
vous avez proclamé sur toutes les murailles du département que vous veniez réparer les désordres de l'administration précédente. Puis, tout fier de ce début heureux
où perce votre modestie naturelle, vous avez demandé
autour de vous que l'on vous renseignât sur l'esprit des
populations que vous étiez chargé de diriger dans le
sentier fleuri de la République catholique, apostolique
et romaine.

*
* *

C'est alors que s'empressèrent d'accourir auprès de
vous tous les Basiles et tous les cuistres dont je vous
parlais tout à l'heure.

— Il y a, vous dirent-ils, dans cette ville jadis si pure,
un être épouvantable, imbu des doctrines les plus per-
verses, ennemi du trône et de l'autel, terreur des
familles, désolation des saintes maisons refuges des pères
Jésuites. Ce misérable a juré de proclamer la Commune
à Poitiers, et, cette nuit même, au fond d'un puits où
il avait rassemblé trois cents conjurés, trois cents sacri-
pants comme lui, il a fait le serment de massacrer les
nobles, les prêtres, leurs femmes et leurs enfants, de
piller les couvents et de faire tomber votre tête sur la
place de la Préfecture.

A cette révélation, malgré l'indomptable énergie dont
vous êtes doué, on assure que vous fûtes un moment
ébranlé, et que votre front, miroir de votre grande âme,
se décolora légèrement Ce n'est point que vous fussiez
mordu au cœur par ce vil sentiment qui s'appelle : la peur.

Grand Dieu ! vous songiez uniquement à l'ordre menacé et à l'immense responsabilité qui pesait sur vous non-seulement devant le pays, comme dit M. Thiers, non-seulement devant l'univers, mais devant l'histoire qui vous contemple tous les deux.

*
* *

Dès lors, l'hôtel de la préfecture devint une citadelle.

Chaque nuit, deux cents soldats de l'infanterie de ligne concouraient avec la garde nationale à l'honneur de veiller sur votre précieuse personne autour de laquelle venaient encore se ranger spontanément de braves et généreux citoyens qui ne tremblaient que pour vous, mais qui tremblaient terriblement.

Les habitants, réveillés en sursaut, entendaient passer dans les rues des régiments de cavalerie, et de loin en loin, aux fenêtres entrebâillées, apparaissaient des têtes effarées.

Chaque matin, la population apprenait que vous aviez encore une fois sauvé la cité ; et des cierges sans nombre brûlaient en votre honneur au tombeau de Sainte-Radégonde. En vain quelques esprits malintentionnés prétendaient que tout ce remue-ménage pour rien touchait de près au ridicule ; il n'en restait pas moins acquis que si l'hydre de l'anarchie n'était pas sortie de son antre on ne le devait qu'à votre valeureuse attitude.

*
* *

Pendant qu'ainsi vous vous couvriez de gloire, ne me doutant de rien je continuais ma vie au grand jour et

me hâtais de terminer les quelques affaires qui me rete-
naient encore à Poitiers.

Bientôt cependant mon attention fut éveillée par les
menées malhabiles de la police que vous aviez eu la
prudence de mettre à mes trousses. J'y fis quelque attention et me convainquis facilement que j'étais en sur-
veillance. Cette découverte, vous l'avouerez, était faite
pour exciter en moi un légitime étonnement : après
avoir toute ma vie combattu pour les idées républicaines, j'étais, sous un gouvernement qui s'intitule
République, traité comme un malfaiteur !

Il me fallait une explication : c'est à vous, Monsienr,
que j'allai franchement la demander. Ma démarche,
dont la loyauté vous surprit, vous mit dans un embarras
manifeste ; vous ne me fîtes que des réponses évasives,
ambiguës : « Je vous avais été signalé dès votre arrivée,
disiez-vous, comme un homme dangereux ; on s'éton-
nait de ma présence dans une ville où ne m'appelaient
ni intérêts de fortune, ni relations de famille, et l'on se
demandait quelle mission secrète m'y avait amené. »

Vous me rendrez cette justice qu'en face d'une suspicion aussi malveillante, je fis bonne contenance et sus
modérer mon indignation. L'ami qui m'avait accompa-
gné pourrait en témoigner au besoin. Je vous répliquai
simplement que j'habitais Poitiers depuis deux ans, que
j'y avais à terminer de nombreuses affaires, que j'étais
capitaine dans la mobile de la Vienne, et que j'attendais
le retour de mon bataillon dans la résidence même qui
m'avait été assignée par un congé de convalescence.

Ces explications, j'étais humilié d'avoir à les donner
et d'être ainsi récompensé des services que je me suis
efforcé de rendre à mon pays ; mais elles étaient de na-

ture, personne ne le contestera, à faire cesser un malentendu regrettable, et je me retirai convaincu que vous étiez au regret des mesures que la malveillance vous avait fait prendre contre moi.

*
* *

A quelques jours de là, mes affaires à Poitiers étant terminées, je me disposais à retourner dans ma famille qui m'attend avec une impatience partagée, et que je n'ai pas vue depuis près d'un an. Comme elle habite Beauvais et que Beauvais se trouve de l'autre côté de Paris, il me fallait passer par Paris. Nous étions alors au commencement d'avril, aucune mesure prohibitive n'avait encore été prise par le gouvernement. J'étais donc autorisé à penser que mon projet tout naturel ne rencontrerait aucun obstacle, et cela d'autant mieux que vous m'aviez vous-même invité à m'éloigner de Poitiers le plus tôt possible.

Par qui fûtes-vous informé de mes intentions? je l'ignore; toujours est-il que, le matin du jour fixé pour mon départ, un ami vint me prévenir que l'ordre avait été donné par vous à la force armée de me mettre en état d'arrestation à la gare, si j'essayais de prendre un billet pour Paris.

A cette époque, le gouvernement de Versailles et les journaux à sa solde répétaient constamment que la poignée de malfaiteurs et de repris de justice qui opprimait dans Paris une population de deux millions d'habitants, allait être châtiée d'importance, et qu'avant trois jours force serait restée à la loi. Cette affirmation se produisait avec tant d'assurance que, comme tout le monde en province, je croyais la Commune hors d'état de se défendre. Aussi, devant la menace d'une arrestation, si odieuse qu'elle me parût, je pris, afin d'éviter aux miens de nouvelles inquiétudes, le parti sage d'attendre que tout fût terminé.

On pourra m'accuser d'avoir été trop faible en laissant, ne fût-ce qu'une heure, le droit se courber devant une autorité arbitraire ; j'ai eu tort sans doute, car il est des principes qui doivent passer toujours avant toute considération; mais j'ai pensé à ma vieille mère souffrante qui m'attend et qu'une mauvaise nouvelle pourrait accabler.

* *

Les jours et les semaines s'écoulèrent sans apporter le moindre changement à une situation qui fait le désespoir de tous les cœurs français. Après trente jours de lutte sanglante et fratricide, après vingt batailles qui sont des désastres pour les vainqueurs eux-mêmes, tout reste à faire. L'âme humaine est saisie d'épouvante à la pensée des flots de sang qu'il faudra verser encore pour assurer le triomphe d'une légalité que je ne conteste pas, mais à qui je voudrais voir moins de fierté et plus d'humanité. Quand tout cela finira-t-il ? Nul ne saurait le dire, car le triomphe de Versailles, s'il est certain, ne saurait être une pacification : plus il sera resté de victimes sur le sol, plus la lutte aura été longue, plus impossible sera la réconciliation.

Profondément attristé par tout ce qui se passe, par tout ce que je vois, par tout ce que j'entends, ennuyé de l'inaction à laquelle je suis condamné, je songeais de nouveau, après un mois de pénible attente, à m'éloigner de Poitiers, n'importe par quel moyen, lorsque je reçus le 27 avril, d'une personne amie de ma famille, une lettre qui me confirma dans ma résolution.

« On m'adressait les reproches les plus cruels sur ce que l'on appelait mon indifférence. On vous attend chaque jour, me disait-on, et chaque jour apporte une nouvelle déception. Votre mère, qui doute maintenant de votre amour pour elle, en est péniblement affectée. »

Pauvre mère ! Immédiatement je lui écrivis : Je pars demain, attends-moi !

*
* *

Le lendemain 28 je reçus encore avis que, si je tentais de partir, on m'arrêterait. La lettre impérieuse qui m'appelait à Beauvais avait-elle donc été lue ? Serait-il vrai que le *cabinet noir*, ainsi qu'on l'assure, pratique audacieusement le dépouillement des correspondances privées ? Je me refuse à admettre cette monstrueuse violation qui serait un déshonneur pour le gouvernement qui l'aurait ordonnée, et pourtant il est permis de se demander par quelle voie l'administration se tient au courant des intentions les plus discrètes.

Cette fois je refusai de céder à toute pression : la cause qui me déterminait m'en faisait une loi sacrée. Il m'importait en outre de savoir si réellement la liberté des citoyens se trouvait livrée sans contrôle aux caprices ou aux terreurs d'un fonctionnaire halluciné.

A trois heures, je me présentai à la gare où je pris un billet pour Tours, l'administration n'en délivrant que pour cette destination. De Tours, je comptais me rendre au Mans, du Mans à Versailles, et enfin à Beauvais, but unique de mon voyage.

Au moment où j'allais monter dans le train, un commissaire de police, assisté d'un agent, me barra le passage.

— Monsieur, me dit-il, vous avez l'intention de partir ?

— Assurément, lui répondis-je, sans quoi je ne serais pas ici.

Le pauvre diable était embarrassé ; on sentait à sa contenance qu'il doutait lui-même de la légalité de l'acte qu'il allait commettre.

— Je vous demande pardon, Monsieur, de vous arrêter ainsi, fit-il d'un ton insinuant qu'il s'efforçait de rendre aimable, mais Monsieur le préfet désirerait vous parler avant votre départ.

Un coup de sifflet m'avertit que je n'avais pas un instant à perdre.

— M. le préfet ! répliquai-je ; je ne le connais pas, il ne peut rien avoir d'intéressant à me dire, et d'ailleurs il a une singulière façon d'inviter les gens à se rendre chez lui.

Je fis mine de passer.

— Il faut cependant, Monsieur, que vous veniez avec moi chez M. le préfet, insista le commissaire en allongeant le bras dans ma direction, pendant que son agent exécutait un mouvement destiné à me barrer la route.

Je me retournai.

— Soyez donc franc, lui dis-je, et déclarez, sans prendre toutes ces formules jésuitiques, que vous avez reçu l'ordre de m'arrêter.

— Oh ! je ne veux pas vous dire cela.

— Mais vous le feriez.

— Vous ne m'y forcerez pas.

Ce commissaire a dû faire le peu d'études qu'il a faites dans un établissement clérical. Il n'y avait pas à discuter avec lui, je me résignai donc, afin d'éviter un esclandre, à l'accompagner jusqu'auprès de vous, M. Léon Lavedan, qui m'assigniez cette entrevue avec une si délicate urbanité.

★
★ ★

Vous me reçûtes pour la seconde fois dans ce cabinet où j'avais, à titre de collaborateur, vu M. Léonce Ribert présider en homme du monde et en magistrat intègre aux affaires de ce département. Tout m'y parlait encore de lui, de son inaltérable douceur et de sa dignité modeste; mais vous étiez là, vous, impassible en apparence quoique pâle et me regardant avec un méchant sourire, à la place même d'où il avait l'habitude de me tendre sa loyale main.

Notre entretien fut vif, vous devez vous le rappeler. J'étais animé comme un homme à qui vient d'être faite une insulte sanglante et qui demande réparation.

Dès les premiers mots je vis clairement que vous étiez décidé à poursuivre jusqu'au bout la violation commencée en ma personne, du plus inviolable de tous les droits : la liberté individuelle. Poussé par vous et sans me demander si vous seriez capable, oubliant les devoirs les plus élémentaires d'un galant homme, d'abuser des aveux arrachés à ma juste indignation, je vous parlai avec une entière franchise. Je ne vous cachai pas que l'Assemblée de Versailles n'a point mes sympathies, et que je ne la reconnais pas comme pouvoir constituant, ni même législatif; mais j'ajoutai que je condamnais la guerre civile de quelque part qu'elle vînt, et que j'avais

horreur du sang français versé par des mains fran-
çaises.

Cette déclaration ne vous suffisant pas, je fis valoir des
arguments d'un autre ordre ; l'inquiétude de ma famille,
les tourments de ma mère et le besoin que j'éprouvais
de la revoir. Même insuccès. Votre cœur s'est montré
aussi inaccessible que votre justice. Prétextant d'ordre
supérieur, vous avez obstinément refusé à un citoyen
français la libre circulation sur la grande route, et vous
avez en cela dépassé les plus mauvais souvenirs des plus
mauvais règnes, car vous m'avez condamné, vous
fonctionnaire, de votre propre autorité, sans jugement
des juges naturels, sur une simple suspicion de ten-
dance.

Aussi n'ai-je pu m'empêcher de vous dire en vous
quittant, qu'un tel excès ne faisait point honneur au
parti que vous serviez. Le mot *parti* a paru vous offen-
ser, et vous m'avez répondu, pendant que je fermais
votre porte, que vous ne serviez qu'un parti, celui de
l'ordre. — Non, Monsieur, car l'ordre qui s'établit par
la violation du droit, ne sera jamais, tant qu'il restera
une parcelle de la conscience humaine, que le pire de
tous les désordres.

*
* *

J'étais donc condamné par l'arbitraire le plus odieux
à rester à Poitiers où rien ne me retient plus, où les
ressources, un jour ou l'autre, viendront à me manquer.

Trois jours après je reçus de ma mère une lettre
douloureuse.

« Tu n'es pas venu, me dit-elle, mon cher Gustave,

» ainsi que tu me l'avais promis ; c'est mal , tu abàn-
» donnes ta vieille mère ; j'ai pourtant besoin de te voir
» plus que jamais, car ma santé va toujours en déclinant,
» et si tu ne te hâtes, je ne t'embrasserai plus. »

Je ne puis pourtant pas dire à la pauvre femme que
son fils est interné comme un repris de justice !

*
* *

Oh ! Monsieur Lavedan, vous vous jouez des senti-
ments les plus sacrés ! C'est là, du reste, à ce qu'il
paraît, votre façon d'administrer, si j'en juge d'après
une lettre que j'ai sous les yeux et qui fut écrite par
quelqu'un qui vous avait pu apprécier. Il vous sera
peut-être agréable de la connaître, je ne vous refuserai
pas ce plaisir.

M. Gaston Prunières, ex-sous-préfet de Montmorillon,
avant de quitter son arrondissement, adressa à tous les
maires la circulaire suivante :

« Messieurs et chers collaborateurs,

« Hier j'ai adressé à Versailles la dépêche suivante :
« Mes convictions républicaines m'interdisant de faire
» plus longtemps partie d'une administration que dirige
» M. Léon Lavedan, je donne ma démission. »

» Si pénible qu'il me soit de me séparer de vous à la
veille de la lutte électorale, je cède cependant à un
devoir impérieux, et je refuse sur l'heure tout concours
aux manœuvres d'une administration sans scrupules.

» Impuissant à obtenir d'elle le respect des vérités les
plus manifestes, des droits les moins contestables, des

convenances les plus vulgaires, il ne me reste plus qu'à protester contre ses actes par le refus d'y participer.

» Veuillez donc, Messieurs, agréer, etc.

» Gaston Prunières. »

*
* *

N'ayant point, comme mon ancien collègue Gaston Prunières, la faculté de me séparer de vous par une démission, j'ai dû chercher un refuge contre vos abus d'autorité. Je me suis adressé au seul pouvoir qui soit debout en face du vôtre, au seul que vous n'ayez pas le droit de méconnaître, à la justice française.

C'est un procédé qui m'a coûté, Monsieur, je vous prie de le croire, car j'ai plus l'habitude d'être assigné que de faire assigner les autres. Ne vous en prenez qu'à vous-même qui ne m'avez point laissé d'autre issue.

J'espère que lundi prochain, devant le tribunal de police correctionnelle, en compagnie de votre complice le commissaire Collumeau, vous daignerez exposer les motifs de votre conduite.

Quant à moi, fort de mon droit, certain de n'avoir ni violé ni conçu le projet de violer aucune des lois de mon pays, je m'avancerai vers nos juges et je leur dirai :

« Vous êtes les gardiens de l'honneur et de la liberté des citoyens ; je viens me mettre sous votre protection. Longtemps, sous le couvert d'une loi d'iniquité aujourd'hui à jamais effacée de nos codes, les serviteurs éhontés des gouvernements sans conscience ont sacrifié les principes à de prétendues nécessités politiques. Nul désormais, fût-ce le chef de l'État lui-même, n'est au-dessus de la justice dont vous êtes les dispensateurs. C'est à vos pieds que finit la persécution, car les plus grands sont petits devant vous et les petits sont les égaux des grands. Prenez ma cause entre vos mains, je vous la confie ; citoyens, pesez-la dans votre conscience et, juges prononcez du préfet ou de moi quel est le coupable et quel est l'innocent. »

*
* *

D'ici là, Monsieur, je ne troublerai ni vos grands travaux ni vos pieuses méditations. Rentrez en vous-même, et rappelez-vous cette parabole qu'il est bon de ne pas oublier en un temps où les gouvernements sont si précaires : *Qui se sert de l'épée, périra par l'épée.* — Celui qui prononça cette parole était peut-être aussi chrétien que vous, mais plus républicain.

Agréez, Monsieur, l'expression de tout le respect dont vous êtes digne.

Gustave GRAUX.

Poitiers, le 2 mai 1871.

Poitiers. — Imp. N. Bernard.